ESTRUCTURA TUS IDEAS CON EL MIND MAPPING

Las claves para elaborar un mapa mental eficaz

Por Miguël Lecomte

Traducido por Laura Bernal Martín

Coaching en50MINUTOS.es

LAS CLAVES PARA EL ÉXITO

ELABORAR UN MAPA MENTAL

- **¿Problemática?** La mente humana es compleja, y tener las ideas claras no siempre es fácil cuando hay que tener muchos elementos en cuenta. Entonces, ¿por qué y cómo utilizar los mapas mentales para estructurar el pensamiento?
- **¿Utilidad?** La realización de un mapa mental, o mapa heurístico, permite anotar rápidamente las ideas en un papel destacando directamente los vínculos entre los distintos elementos.
- **¿Contexto profesional?** Presentación en interno o ante un cliente, toma de notas, lluvia de ideas o *brainstorming*, planificación de un proyecto, innovación, etc.
- **¿Preguntas frecuentes?**
    - <u>¿Por qué el mapa mental es tan original?</u>
    - <u>¿Por dónde comenzar a elaborar un mapa mental?</u>
    - <u>¿Se puede utilizar un mapa mental para presentar un proyecto?</u>
    - <u>¿Cuáles son las grandes ventajas del *mind mapping*?</u>
    - <u>¿Cómo leer un mapa mental?</u>
    - <u>¿Tengo la obligación de utilizar un programa informático para cartografiar mis ideas?</u>
    - <u>¿Tengo que tener conocimientos avanzados de informática?</u>
    - <u>¿El mapa mental puede ayudarme en mis estudios?</u>
    - <u>¿Es cierto que los mapas mentales sirven para cualquier proyecto?</u>

Actualmente, y en nuestras sociedades modernas, es necesario ser capaz de adaptarse al flujo de datos cada vez más intenso que nos asedia diariamente. Además, las exigencias y las limitaciones administrativas, que nos impone el ritmo al que nos llega la información, nos dejan a menudo desarmados frente a la necesidad de tratarlas eficazmente y en un tiempo récord.

Es aquí donde entra en juego una técnica que se inspira en el funcionamiento del cerebro humano: el *mind mapping* o técnica de los mapas mentales. Esta le permite al usuario sintetizar y estructurar la información estimulando la reflexión, tanto en el marco de un trabajo individual como colectivo. En otras palabras, descarta el pensamiento lineal en beneficio del pensamiento divergente (capacidad para considerar numerosas posibilidades a partir de una situación, de una idea o de un problema).

En la práctica, el *mind mapping* consiste en realizar un mapa mental sobre un papel o sobre cualquier otro soporte, partiendo de una idea central (el tronco) e introduciendo aplicaciones (las ramas) que llevan a otras ideas. Siguiendo un proceso de asociaciones mentales, cada grupo de ideas puede distinguirse por un color diferente, que lo haga visualmente más claro, lógico, atractivo y estructurado. El mapa también puede completarse con «accesorios» como flechas, elipses, señales, dibujos, anotaciones y otros elementos.

Los campos de aplicación son diversos e infinitos, por lo que lo puedes utilizar a tu antojo, dependiendo de tus preocupaciones en cada momento, ya sea en materia de negocios (productividad, organización de eventos, etc.) o en la vida privada (educación, ocio, vida cotidiana en general, etc.). Este poderoso proceso gráfico ofrece uno de los métodos universales más adecuados para liberar todo el potencial creativo y lógico de una persona, tanto a nivel intelectual como social.

De manera simple y accesible, este libro te abre las puertas al *mind mapping*, una importante herramienta que permite aprovechar ambos hemisferios cerebrales durante una sesión de reflexión sobre un tema en particular.

EL ABECÉ DE UN *MIND MAPPING* EFICAZ

DEFINICIÓN

Ejemplo de mapa mental

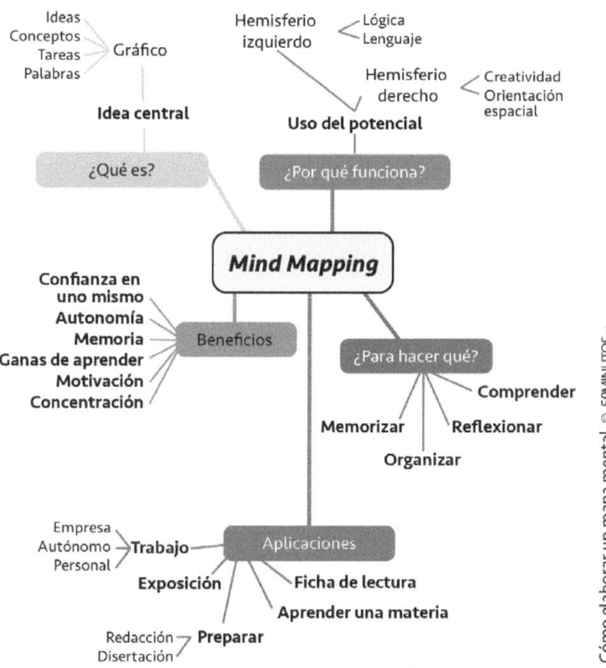

El *mind mapping* es un método, una herramienta de representación que permite capturar el pensamiento asociativo de aquel que realiza el mapa mental. Este último se convierte entonces en el espejo que refleja lo que sucede en nuestro cerebro: reproduce una visión personal y única valiéndose del lenguaje imaginario del mismo (palabras clave, imágenes, colores, etc.).

Conocido como mapa mental, *mind map*, mapa heurístico («heurístico» procede de un término griego que significa «hallar, inventar») o mapa de ideas, este tipo de representación es un proceso que asocia palabras, pictogramas y colores en torno a un objetivo central: toma la forma de un gráfico con ramas, de un árbol. Las ideas, relacionadas con este núcleo, se articulan como ramas que nacen de un tronco.

EL *MIND MAPPING* A TU SERVICIO

Salud, finanzas, trabajo, relaciones, ocio, historia, geografía, ciencia, reuniones, cocina… Cualquier situación cotidiana, sea personal o profesional, puede reclamar el uso del *mind mapping*.

El mundo profesional

En el seno de un grupo, el *mind mapping* se impone como una herramienta de comunicación simple y eficaz. Destaca el grado de pertinencia de las ideas presentadas y se plantea como una alternativa a los métodos de presentaciones lineales corrientes. Impulsa la creatividad que genera, así como la productividad, ya que permite ganar tiempo y/o dinero gracias a su claridad y a su simpleza. Así pues, participa activamente en el desarrollo de las empresas que lo utilizan.

La diversidad de su uso es ilimitada porque puede adaptarse a cada caso. Por ejemplo, puede servir para:

- colaborar con colegas, clientes o socios;
- memorizar una presentación o un discurso;
- redactar artículos, informes, cartas o pliegos de condiciones;
- organizar y animar proyectos o una reunión;
- gestionar tu tiempo jerarquizando las tareas y priorizando algunas de ellas;
- desarrollar la creatividad, solo o en una lluvia de ideas en equipo, para solucionar un problema o anticipar los riesgos potenciales de una nueva situación;
- tomar notas durante una conferencia, una reunión, una entrevista o incluso durante la lectura de un libro (no dudes en combinar el mapa de ideas con las notas tradicionales);
- comunicar en el marco de una formación, de una presentación o de un discurso.

Colabora con los demás

El *mind mapping* es un método particularmente adaptado a todo lo relacionado con la creatividad, por lo que no es de extrañar que se aplique en sesiones de lluvia de ideas entre compañeros de una empresa. Esta técnica activa la creatividad y simplifica la producción de ideas en grupo. Las interacciones, dinámicas, propician que broten numerosas ideas, mientras que el método permite organizarlas, analizarlas y desmenuzarlas para, a continuación, obtener el mayor número de pistas de reflexión posible.

En concreto, una reunión de trabajo de este tipo se desarrolla de la siguiente manera:

- **la fase de pensamiento divergente (creativo)**;
- un grupo –de 4 a 12 personas comprometidas, motivadas y, sobre todo, con perfiles variados– es guiado por un animador cuyo papel es organizar, estimular y dirigir a los participantes, recibiendo el flujo de ideas que se generen sin censura o comentarios;
- la pluralidad es una fuente de inspiración e inventiva; cuando se enuncian ideas brutas está prohibida la crítica, ya que cada opinión anida un potencial;
- la imaginación y la espontaneidad son bienvenidas;
- **la fase del pensamiento convergente (crítica).** A continuación, un poco como sucede en el fútbol, es necesario «marcar el penalti», convertir lo bruto en neto, transformar las ideas en soluciones, crear nuevas perspectivas perfectibles y realistas que lleven a resultados. Finalmente, se pulirá un número ilimitado de ideas sobre un tema dado, mientras que otras tantas se pondrán de lado para futuros análisis y desarrollos.

Ahora podemos entender mejor el uso y el rendimiento del *mind mapping* durante una sesión de lluvia de ideas. En este tipo de reuniones, a menudo es necesario estructurar documentos complejos o proyectos ambiciosos. El uso de un mapa heurístico permite llevar a cabo esta acción de manera simple e intuitiva. La gestión de proyectos de todo tipo se realizará con mayor comodidad, dado que los elementos desmenuzados en una estructura llevarán a importantes opciones de colaboración, y aumentarán las probabilidades de éxito.

Para hacer aflorar aún más la creatividad de los participantes, atrévete con los juegos de rol y propón lugares, personajes, contextos o atributos diversos.

- Ponte en la piel de superhéroes como Hulk, Spiderman, etc. ¿Cómo percibes el tema central, ahora que posees unos determinados poderes?
- Cambia de nacionalidad durante una reunión, con todo lo que ello conlleva.
- Utiliza la técnica del pensamiento invertido, es decir, busca lo negativo de una situación *a priori* positiva, y viceversa. Así, de una pregunta como «¿Qué más puedo hacer?», pregúntate «¿Cómo hacer lo menos posible?». Otro ejemplo: «¿Qué ventaja(s) tendría una empresa si

distribuyera gratuitamente sus productos?». Se trata de estimular al máximo las propuestas marginales. A partir de ahí surgirán algunas soluciones realistas y positivas, mientras que se podrá dar la vuelta y convertir en positivas las soluciones negativas, que a menudo se encuentran con más facilidad.

La enseñanza

Sucede lo mismo con la enseñanza, ¡no es nada nuevo! Una leyenda urbana cuenta incluso que el mapa mental habría «nacido» en un pupitre... ¿A cuántos estudiantes ya hemos visto creando intuitivamente gráficos o resúmenes punto por punto para aprender mejor un gran volumen de materia?

Además, algunos programas de *mind mapping* ofrecen una integración con MS Office, lo que permite la transferencia de ideas entre estudiantes y en otros formatos. La utilidad de los mapas mentales en este ámbito es tan amplia como en el mundo profesional, tanto para los estudiantes como para los profesores. Son especialmente valorados para:

- presentar un plan de estudios;
- visualizar conceptos;
- redactar textos como memorias o ensayos;
- mejorar la reflexión crítica, explorando diversos puntos de vista;
- dirigir sesiones de lluvia de ideas;
- etc.

Sácale el máximo provecho a tu cerebro

En primera instancia, es importante comprender cómo funciona el cerebro. Este está formado por 170 mil millones de células –de entre las cuales 100 mil millones son neuronas–, gracias a las que somos capaces de pensar, hablar, imaginar, planificar, etc. Está dividido en dos hemisferios: el izquierdo, que se encarga de funciones concretas como el cálculo, la audición, el lenguaje y el análisis lógico; y el derecho, que regula la intuición, la visión, la interpretación y las emociones.

Como recurre a ambos hemisferios, al contrario de lo que ocurre en la toma de notas clásica, el mapa mental es un reflejo bastante acertado de la manera en la que nuestro cerebro analiza y procesa la información: surge una idea (idea central) y, después, durante el análisis, se forman ramificaciones (ramas; pistas de reflexión) que se articulan progresivamente en torno al tema central. La presentación en forma de árbol, el uso de colores, de imágenes y de palabras claves diversas para distinguir las ideas, y la manifestación de los vínculos existentes entre estos elementos permiten que nuestro cerebro humano pueda integrar con mayor rapidez el mensaje que se transmite, más que durante una lectura de un texto ininterrumpido.

No obstante, el hombre es ante todo un animal social, por lo que para sacarle el máximo partido al cerebro hay que aprender a compartir, a escuchar y a dialogar con los demás. El *mind mapping* es una herramienta de uso personal, pero también está adaptado al uso en común. Pon tus creaciones a disposición de tus colegas, familiares y amigos para abrir más puertas y crear más posibilidades.

Organiza tu material

Una de las ventajas del mapa mental reside en que su elaboración requiere muy poco material:

- un soporte de papel (como un cuaderno de hojas separables), para poder intercambiar y clasificar con facilidad tus ideas en orden durante una toma de notas rápida. Este tipo de cuadernos también resulta muy útil si quieres o tienes que dejar prestado, escanear o fotocopiar uno o varios de los elementos reflejados en dichos folios;
- un lápiz, una goma y un sacapuntas para las primeras ideas y esbozos;
- un rotulador o un bolígrafo con tinta borrable para pasarlo a limpio;
- subrayadores o lápices de colores para organizar la información por colores;

Si prefieres trabajar en el ordenador, familiarízate con uno de los numerosos programas de *mind mapping* existentes. No obstante, es preciso que sepas que, si bien tienen algunas ventajas, como la posibilidad de modificar el mapa a tu antojo o de compartir rápidamente la información, dejan menos margen para la creatividad.

Cada uno de nosotros tiene una forma propia de trabajar. Con el tiempo perfeccionarás tu caja de herramientas.

Organiza tus ideas

Sobre todo si tu objetivo es realizar una sesión de creatividad apoyándote en la cartografía de ideas, necesitarás que tu mente realice un calentamiento previo. Prepara tu cerebro para aumentar tus posibilidades de éxito. A continuación exponemos una técnica muy simple compuesta por tres etapas que te ayudarán a lograrlo:

- concéntrate en la visualización del objetivo, que motivará tus acciones para alcanzarlo, y olvídate de todo lo demás. Visualizar el ideal es armarse de la voluntad que lleva hacia él;
- plantéate una idea, un problema, un concepto y céntrate en intentar darle una imagen;
- utiliza esta imagen como punto inicial de tu reflexión, introduciendo en ella a continuación todas las ramificaciones posibles como las acciones que hay que llevar a cabo, los accesorios necesarios, las preguntas que hay que plantear, etc.

Realiza el mapa mental

Para materializar todo esto sobre el papel, es posible elaborar un mapa heurístico. Organizar de forma clara las ideas no siempre resulta sencillo, por lo que utilizar un mapa mental le aportará una base y una estructura sólida a tus reflexiones, y te permitirá no ahogarte en la cantidad de datos producidos.

Comienza haciendo borradores a partir de tu tema principal. Relaciona un elemento y después varios, todos los que se te vengan a la cabeza –intentando siempre no sobrepasar la decena en el primer nivel–, y resúmelos en una sola palabra clave, en un dibujo o en un pictograma.

PALABRAS CLAVE ÚNICAS

Evita las frases, incluso las de dos palabras, porque bloquearán tu imaginación al encerrarlas en la primera casilla en la que hayas pensado. Una sola palabra favorecerá la creación de un mayor número de asociaciones. Si, por ejemplo, tu palabra clave precedente te ha llevado a la idea de «ramo de flores», es probable que te centres a continuación solo en esta imagen. Por el contrario, escribir simplemente «flores» permitirá que tu punto de vista sea más amplio y que pueda albergar otras nociones, como «jardín», «naturaleza», «parterre», «recoger», «crecer», «primavera», etc.

Te darás cuenta rápidamente de que una idea lleva a otras cuatro o cinco, que a su vez inspirarán otros esbozos de reflexión. ¡Brotarán literalmente cientos de ideas! Prueba varias alternativas de acuerdo con el concepto central. Guarda una buena dosis de espontaneidad y aumenta así las posibilidades. No dudes en tachar, borrar, volver a una idea, etc. Después, en una segunda fase, podrás pasarlo todo a limpio.

Asocia las ideas valiéndote de flechas, pictogramas y/o

dibujos. Utilizar dibujos mnemotécnicos y anotaciones útiles nos ayuda en la búsqueda y el logro del objetivo meta. En nuestra imaginación son muy sugestivos y por ello nos hacen ver sorprendentes posibilidades. Enriquecen nuestra capacidad de abordar y diseccionar un tema.

Ejemplos de asociaciones:

- perro = defensa;
- ladrillo = construir;
- pájaro = libertad;
- dedo índice que apunta = dirigirse hacia;
- bomba = atención;
- y así sucesivamente, dependiendo de tu percepción personal.

Algunos ejemplos de pictogramas:

El último punto esencial que hay que destacar es el uso de los colores, que desempeñan un papel fundamental en la elaboración del mapa heurístico por dos motivos:

- se graban con contundencia en nuestro cerebro y se codifican. Destacan conceptos diferentes y nos recuerdan a ciertos códigos cotidianos:
    - rojo = revolución, amor por la vida, pasión;
    - negro = misterio, silencio, autoridad, pena;
    - azul = espacio, océano, encuentros;
    - amarillo = alegría, fiesta, compartir;
    - blanco = paz, tranquilidad, serenidad, pureza;
    - etc.
- ¡son alegres! La mezcla de colores, los distintos tonos, el poder emocional que activan; todo esto seduce a simple vista y te pone espontáneamente de buen humor. Ahora bien, una persona alegre tiene más posibilidades de alcanzar sus objetivos que una apagada, sin contar que retenemos mejor lo que nos gusta.

MÁS TRUCOS

- Haz el trazo de las ramificaciones centrales más grueso que el de las ramas secundarias, para indicarle a tu cerebro cuál es el orden de importancia de las ideas.
- Destaca ciertos contenidos variando el tamaño de la fuente o su estilo, aumentando ciertas imágenes, etc.
- No encierres tus palabras clave en un cuadro o en un círculo, déjalas libres: así serán una fuente de

creatividad para tu cerebro.

- En cambio, haz hincapié en las ramificaciones formando un conjunto lógico (misma idea, mismo concepto, etc.) mediante una nube/círculo/cuadrado coloreado.
- Si utilizas un programa, añade hipervínculos a fuentes, referencias o información complementaria.
- Si realizas el mapa mental a mano, escribe las palabras en línea recta para una mayor visibilidad.
- Relaciona las ramas entre sí correctamente y no dejes un vacío entre dos elementos, para así poder conectar tus ideas.
- Cuando consideres que has acabado, añade ramas vacías para estimularte y estimular a tu cerebro para que cree nuevas asociaciones de ideas.

UN EJEMPLO DE APLICACIÓN: PRIMERA NOVELA

«A decir verdad, y para ser sincero contigo, no conocía el *mind mapping* cuando empecé a escribir mi primera novela. De hecho, esta se quedó «durmiendo» en un cajón cerca de diez años, antes de que un buen día desempolvara las primeras 90 páginas, así como el esquema que había utilizado. Después de algunos ajustes, me di cuenta de que, de alguna manera, mi plan inicial se parecía bastante a un gráfico estructurado como este:

Como ves, es (demasiado) simplista. Habría podido dibujar un libro con la palabra «Novela», para darle un «tono» visual, colorearlo, dibujar pictogramas, hacer anotaciones, profundizar con nuevas ramas, etc.

Las posibilidades son tan numerosas que te invito a intentar, una y otra vez, familiarizarte con los distintos métodos, inventar, crear. Puede que tus comienzos se parezcan a mi precario esbozo (que aun así me ha servido para construir mi primera novela, porque en la primera página no sabía hacia dónde me dirigía, solo tenía mi idea inicial. La claridad de este dibujito me hizo tomar varias buenas direcciones, y así sucesivamente), pero rápidamente, de manera intuitiva y personal, tu mapa mental se volverá más robusto, hasta lograr un resultado con el que estés satisfecho.

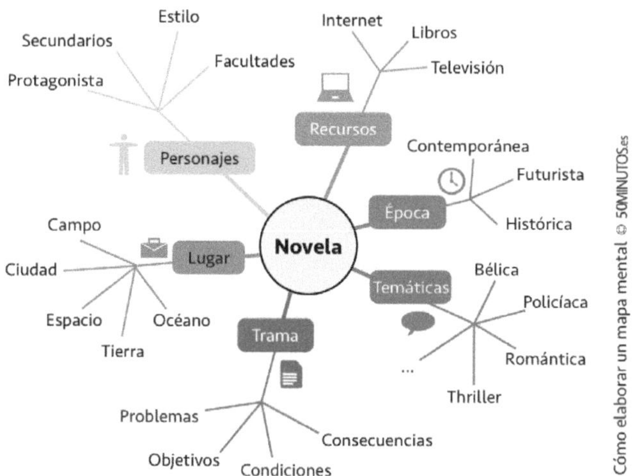

Etcétera, porque ten por seguro que podemos seguir trabajando sobre este mapa siempre que tengamos ideas. Nótese que también podríamos haberlo hecho a mano, es tan solo una cuestión de presentación. De hecho, todo depende de tus deseos y de tus necesidades.

No lo dudes, ¡ve más allá! Después de este mapa mental de tipo «lluvia de ideas» que evalúa las distintas posibilidades a la hora de escribir una novela, se nos brinda la oportunidad de esquematizar la trama con otro mapa mental, como este:

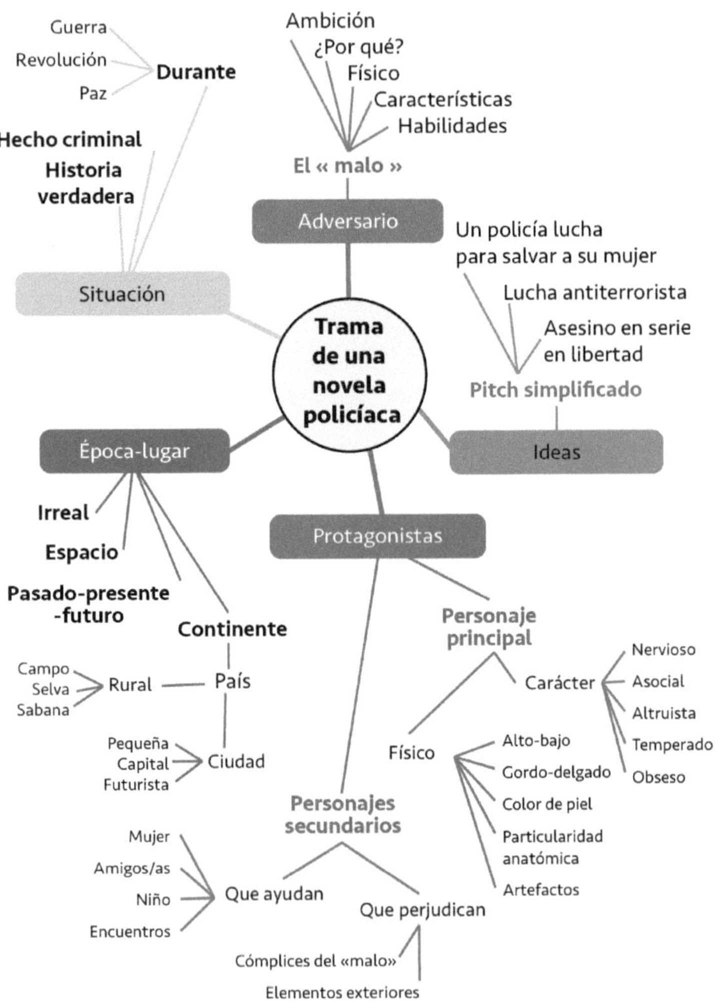

Guerra
Revolución
Paz
Durante
Hecho criminal
Historia verdadera
Situación
Ambición
¿Por qué?
Físico
Características
Habilidades
El « malo »
Adversario
Un policía lucha para salvar a su mujer
Lucha antiterrorista
Asesino en serie en libertad
Pitch simplificado
Trama de una novela policíaca
Época-lugar
Ideas
Irreal
Espacio
Pasado-presente -futuro
Continente
Protagonistas
Personaje principal
Campo
Selva
Sabana
Rural
País
Carácter
Nervioso
Asocial
Altruista
Temperado
Obseso
Pequeña
Capital
Futurista
Ciudad
Físico
Alto-bajo
Gordo-delgado
Color de piel
Particularidad anatómica
Artefactos
Personajes secundarios
Mujer
Amigos/as
Niño
Encuentros
Que ayudan
Que perjudican
Cómplices del «malo»
Elementos exteriores

LOS MEJORES CONSEJOS

- Coloca tu papel de forma apaisada para favorecer una mejor organización espacial, para que haya una perspectiva global más despejada.
- Utiliza palabras clave para crear asociaciones de ideas pertinentes. Evita frases, incluso cortas, que limiten tu pensamiento.
- Jerarquiza tus ideas mediante elementos gráficos:
  - emplea imágenes y pictogramas si así lo deseas, puesto que el impacto es más inmediato;
  - dibuja las ramas centrales con un trazo más grueso que las periféricas. Esto le indicará a tu cerebro los grados de importancia existentes en tu mapa mental;
  - varia el tamaño de la fuente de los caracteres para destacar la fuerza de determinadas palabras;
  - crea una ilusión de volumen empleando efectos 3D en tus dibujos, para darles más peso y más presencia. Esto aumenta su impacto en el cerebro, y hace que el mapa mental sea agradable, algo que también facilitará su memorización;
  - los colores son extremadamente importantes para distinguir adecuadamente unas ideas de otras. Partiendo del elemento central, utiliza un color para cada rama del primer nivel; tu trabajo estará mejor estructurado y será más bonito;
  - clasifica tus ideas numérica o alfabéticamente para facilitar tanto la lectura del mapa mental como su memorización.
- Añade ramas vacías para estimular a tu cerebro a asociar

nuevas ideas.

- Escribe las palabras de forma legible, sin tachaduras (para el trabajo en limpio). Apetece más ponerse a trabajar en un documento limpio y cuidado.
- Solo está bien, pero ¡acompañado es mejor! Es más fácil y se generan más ideas diferentes cuando se trabaja en grupo.
- Acondiciona un lugar de trabajo (los demás también, si trabajas en grupo) en el que te sientas a gusto.
- Dado el poco material necesario, el *mind mapping* es una actividad poco costosa, así que piensa en equiparte con herramientas de calidad.
- Son muchos los programas existentes, y la mayoría de ellos son buenos. Pruébalos y elige el que más se ajuste a tu actividad.
- Comparte tu experiencia y tus creaciones en la red, con tus familiares y amigos/as, saldrás ganando.

PREGUNTAS FRECUENTES

¿POR QUÉ EL MAPA MENTAL ES TAN ORIGINAL?

El mapa mental es un método original por su funcionamiento: se organiza por asociación de ideas, al igual que el cerebro. Es muy visual y permite agrupar rápidamente y en una sola página ideas personales o emitidas durante una reunión o una entrevista. De esta forma, facilitando la toma de notas, nos ayuda también a memorizar gracias a los vínculos que se forman entre los elementos.

No obstante, si hay realmente muchos elementos que hay que tener en cuenta, el mapa mental será en seguida ilegible. En este caso, siempre es posible dividir el mapa en otros mapas más pequeños en folios separados, para simplificar la información y, por tanto, su presentación y su memorización.

¿POR DÓNDE COMENZAR A ELABORAR UN MAPA MENTAL?

Si quieres realizar un mapa mental con un programa, para empezar tendrás que dominarlo, ya que una de las principales ventajas del mapa heurístico es la rapidez con la que permite organizar ideas, una ventaja que se perderá si te atascas con el programa elegido.

Si optas por el método tradicional, en una hoja de papel o en una pizarra, tendrás que comenzar por identificar el tema o la idea principal del mapa y representarla en el centro del soporte elegido. Esto se puede hacer simplemente con una palabra o planteándote la pregunta «¿Qué imagen evoca mejor esta idea para mí?, e ilustrarla con la ayuda de un dibujo o de un pictograma evocador. A partir de ahí, deja que vengan idas, sin reflexionar demasiado sobre cómo organizarlas: en una primera fase, escribe los vínculos que se te ocurran espontáneamente. Siempre se está a tiempo de volver a trabajar en la coherencia más tarde.

¿SE PUEDE UTILIZAR UN MAPA MENTAL PARA PRESENTAR UN PROYECTO?

Evidentemente, puedes hacerlo. No obstante, sé consciente de que el mapa puede parecerte lógico a ti, puesto que eres su creador, pero no lo será necesariamente para los demás. Olvídate entonces del borrador que te ha servido para desarrollar tus ideas y trabaja en el mapa mental para que sea claro a ojos de la mayoría. Presenta un mapa lo más simple posible, bien estructurado, ayudándote de colores y de palabras clave. En estas circunstancias, su aspecto sintético y visual lo convertirá en una excelente herramienta de comunicación.

¿CUÁLES SON LAS GRANDES VENTAJAS DEL *MIND MAPPING*?

- Se trata de una herramienta fácil de usar, cualquiera puede crear un mapa mental.
- El *mind mapping* requiere el uso de los dos hemisferios cerebrales, algo que no ocurre en una organización lineal

de las ideas. De esta forma, permite estructurarlas mejor.

- Es multifuncional.
- El uso de palabras clave, pictogramas y flechas facilita la toma de notas.
- El impacto visual de esta herramienta permite captar la atención, tanto la tuya (para concentrarte mejor en tus ideas) como la de tu audiencia (para que te escuche con más atención), debido a su forma original, lúdica y creativa.
- En una presentación ante una audiencia, tu discurso se adaptará mejor y parecerá más ágil y natural gracias al empleo de un mapa mental: serás capaz de pasar fácilmente de una idea otra sin por ello perder el hilo de tus ideas.
- El mapa heurístico permite comprender de forma rápida el tema en su globalidad, lo que ayuda a la comprensión de los vínculos existentes entre los distintos elementos.
- Por último, presentar las ideas de esta forma ayuda en la tarea de memorización.

¿CÓMO LEER UN MAPA MENTAL?

Un mapa mental se lee del centro al exterior. Generalmente, continuamos la lectura del esquema por la parte de superior derecha, y seguimos en el sentido de las agujas del reloj.

Evidentemente, puedes adoptar un enfoque más personal si, por ejemplo, solo te interesa una parte determinada del mapa mental. En este caso, te concentrarás indudablemente en una rama específica del mapa, o lo leerás en su totalidad destacando lo que te interesa especialmente.

¿TENGO LA OBLIGACIÓN DE UTILIZAR UN PROGRAMA INFORMÁTICO PARA CARTOGRAFIAR MIS IDEAS?

Como ya hemos visto, una simple hoja de papel es suficiente para crear un mapa mental. Ahora bien, todo depende del nivel al que quieras llegar con esta herramienta. Si lo utilizas a título personal, un programa informático facilitará sin duda tu trabajo, pero no es realmente algo obligatorio. Por el contrario, se recomienda usarlo a título profesional, por cuestiones de pragmatismo, rapidez y productividad.

¿TENGO QUE TENER CONOCIMIENTOS AVANZADOS DE INFORMÁTICA?

No. Los programas gratuitos como FreeMind son realmente simples. Se han concebido tanto para legos como para expertos. Podemos decir que un conocimiento básico de ofimática (Word, LibreOffice, etc.) te ayudará a comprender rápidamente la herramienta.

¿EL MAPA MENTAL PUEDE AYUDARME EN MIS ESTUDIOS?

El *mind mapping* le ofrece a los estudiantes muchas posibilidades:

- tomar notas;
- resumir un libro;
- revisar los apuntes antes de un examen y memorizar los elementos más importantes;

- organizar ideas antes de comenzar a redactar un trabajo;
- planificar el trabajo;
- etc.

¿ES CIERTO QUE LOS MAPAS MENTALES SIRVEN PARA CUALQUIER PROYECTO?

¿Se podría utilizar, por ejemplo, para cultivar el huerto? ¡Lo cierto es que sí! En este excelente ejemplo, el huerto será tu tema principal. De este saldrán ramas con semillas, tipos de verduras, estaciones, tipos de cultivo, herramientas de jardín, fertilizantes, etc. Este es un modelo a pequeña escala, ¡pero podrías utilizar el *mind mapping* para montar un proyecto empresarial o incluso para especular en bolsa!

¡AHORA ES TU TURNO!

El mapa mental en cinco etapas:

ETAPA 1

Haz tuyo el tema principal de tu mapa mental –en nuestro ejemplo es «aprender un idioma»– atribuyéndole una imagen o un dibujo evocador que te impacte de forma más directa que simples palabras.

ETAPA 2

Ubica esta imagen en el centro del folio, escribiendo eventualmente el tema principal también, y coloréala con varios colores para que capte tu atención. Dale volumen, sombras, detalles, etc. Cuídala, puesto que representa el corazón de tu proyecto.

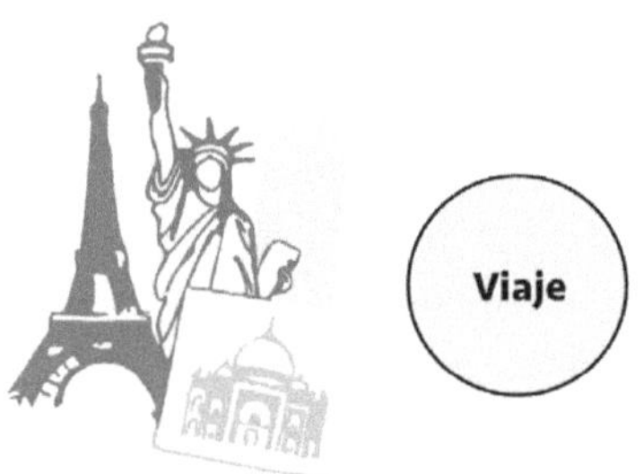

ETAPA 3

Comienza agregando de 5 a 12 ramificaciones para insertar tus primeras ideas (palabras clave) e imágenes (imágenes clave). No te olvides nunca de la temática (idea central) escogida. En este punto, si ya te sobrevienen asociaciones temáticas, deja que se manifiesten y comienza a crear subramas; es inútil restringirse por el mero hecho de querer hacer las cosas en orden.

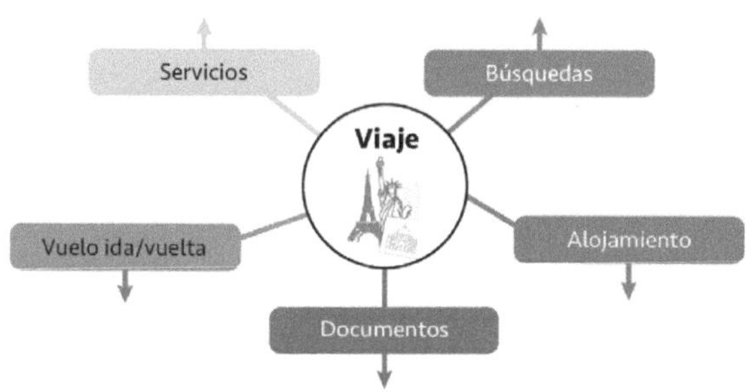

ETAPA 4

Enriquece tu mapa con nuevas imágenes y con palabras clave relacionadas con las anteriores (con las del «primer nivel»). Relájate y despierta tu mente. Haz que tus ideas maduren desarrollando las ramas de tu mapa mental.

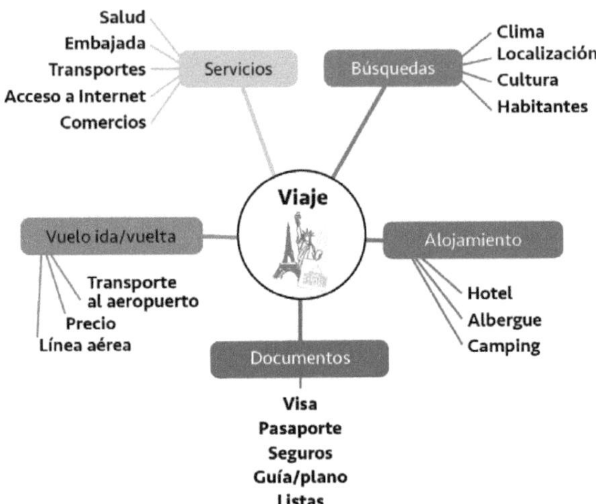
Salud
Embajada
Transportes
Acceso a Internet
Comercios
Servicios
Búsquedas
Clima
Localización
Cultura
Habitantes
Viaje
Vuelo ida/vuelta
Transporte
al aeropuerto
Precio
Línea aérea
Alojamiento
Hotel
Albergue
Camping
Documentos
Visa
Pasaporte
Seguros
Guía/plano
Listas

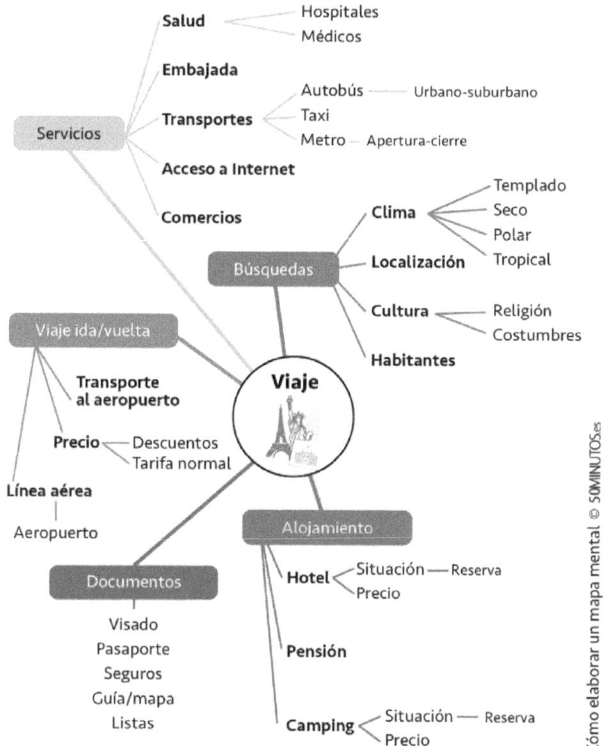

ETAPA 5

Continúa con el mismo estado de ánimo y amplía tu mapa mental hasta que el resultado te satisfaga. Ahora puedes añadir todos los detalles que complementarán y darán vida a tu trabajo.

- Dale el toque final a los dibujos, añade otros.
- Reorganiza las ideas según tus necesidades (lo que siempre resulta más sencillo si se trabaja con un programa).
- Añade/modifica/elimina los colores.
- Reestructura el contenido.
- Inserta pictogramas.
- Deja volar tu imaginación, mejora el conjunto.

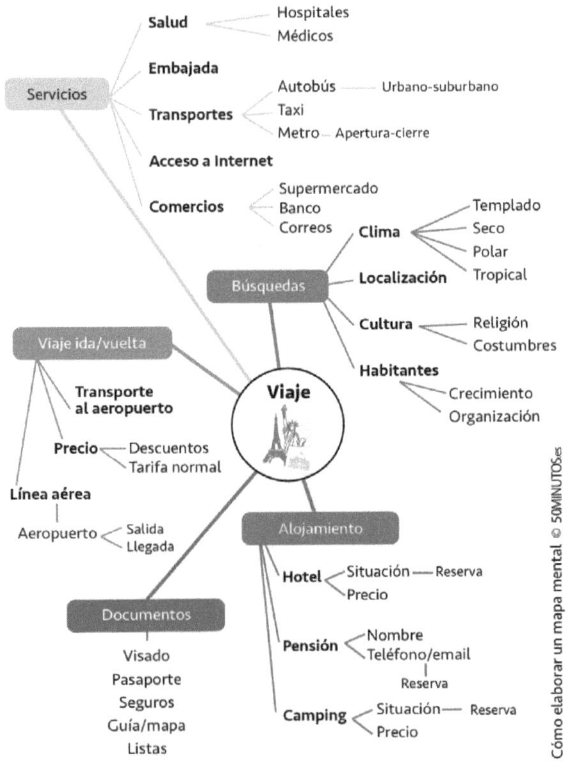

PARA IR MÁS ALLÁ

FUENTES BIBLIOGRÁFICAS

- Deladrière, Jean-Luc, Frédéric Le Bihan, Pierre Mongin y Denis Rebaud. 2004-2007. *Organisez vos idées avec le Mind Mapping*. París: Dunod.
- Delangaigne, Xavier y Pierre Mongin. 2010. *Boostez votre efficacité avec FreeMind, FreePlane et Xmind. Bien démarrer avec le Mind Mapping*. París: Eyrolles.

FUENTES COMPLEMENTARIAS

- Página web de Mindomo. https://www.mindomo.com/es/
- Página web de MindMeister. https://www.mindmeister.com/es
- Página web de MindJet. http://www.mindjet.com/
- Página web de MindNote https://mindnode.com/

en50MINUTOS.es
Historia
Economía y empresa
Coaching
EL DIAGRAMA DE ISHIKAWA
Solucionar los problemas desde su raíz
Material
Método
Máquina
Madre Naturaleza
Medida
Hombres
Economía y empresa
en50MINUTOS.es
LA GUERRA DE PALESTINA DE 1948
DOMINA EL ARTE DEL NETWORKING